EBERHARD SCHMIDHÄUSER

Von den zwei Rechtsordnungen

SCHRIFTENREIHE
DER JURISTISCHEN GESELLSCHAFT e.V.
BERLIN

Heft 18

Berlin 1964

WALTER DE GRUYTER & CO.

vormals G. J. Göschen'sche Verlagshandlung · J. Guttentag, Verlagsbuchhandlung
Georg Reimer · Karl J. Trübner · Veit & Comp.

Von den zwei Rechtsordnungen
im staatlichen Gemeinwesen

Ein Beitrag zur Allgemeinen Rechtstheorie

Von

D r . E b e r h a r d S c h m i d h ä u s e r

Professor an der Universität Hamburg

Vortrag
gehalten vor der
Berliner Juristischen Gesellschaft
am 27. September 1963

Berlin 1964

WALTER DE GRUYTER & CO.

vormals G. J. Göschen'sche Verlagshandlung · J. Guttentag, Verlagsbuchhandlung
Georg Reimer · Karl J. Trübner · Veit & Comp.

Archiv-Nr. 2 727 64 7/8

Satz und Druck: Berliner Buchdruckerei „Union" GmbH, Berlin 61

Wenn in diesem Vortrag „von den zwei Rechtsordnungen im staatlichen Gemeinwesen" die Rede sein soll, so ist damit nicht etwa die Frage bezeichnet, von der ich ausgehen möchte, als vielmehr vorweg das Ergebnis genannt, zu dem — wie ich glaube — die Betrachtung von Wesen und Funktion des Rechtssatzes hinführen muß. Damit ist schon gesagt, daß ich Ihnen hier eine Studie zur Allgemeinen Rechtstheorie vortrage. Ich tue dies im Bewußtsein der besonderen Mängel dieses Versuchs; müßte man doch — jedenfalls von einem streng fachwissenschaftlichen Aspekt her — für eine allgemein-rechtstheoretische Betrachtung alle Bereiche der Juristerei gleichermaßen heranziehen können. Dazu fühle ich mich aber nicht in der Lage; und es wird ein derart umfassender Überblick durch die heute, wie in anderen Bereichen, so auch innerhalb der Jurisprudenz so weit vorangetriebene Spezialisierung aufs stärkste erschwert. So möge diesem Versuche nachzusehen sein, daß er die Gewichte vielleicht etwas einseitig verteilt. Wenn wir nicht gelegentlich das Risiko alles Fragmentarischen auf uns nehmen, dann geht uns der Blick für das Ganze vollends verloren.

I. Die Allgemeine Rechtstheorie sieht im Rechtssatz eine „generelle Anordnung für das menschliche Zusammenleben"[1] und findet ihn — wenn man sich an die üblichen Darstellungen hält — vorweg in den staatlichen Gesetzen vor; jedenfalls sei „Rechtssatz' zunächst in diesem üblichen Begriffe verstanden. Da es nun von diesem Begriffe her „keinen Rechtssatz geben kann, der nicht etwas regelte, also sowohl jenes Etwas wie diese Regelung enthalten müßte"[2], unterscheidet die Rechtstheorie als Bestandteile des Rechtssatzes den Tatbestand und die Rechtsfolge. Sehen wir nun zunächst von der Frage nach dem Tatbestand ab und widmen wir uns der Frage nach dem Wesen der Rechtsfolge, so seien hierzu aus der Diskussion der Gegenwart die beiden Auffassungen näher

---

[1] Vgl. G. *Radbruch*, Rechtsphilosophie (4. Aufl., 1950) S. 128 f.
[2] *Radbruch*, Rechtsphilosophie (1950), S. 129.

2

betrachtet, wie wir sie bei Engisch[3] als die Imperativentheorie, bei *Larenz*[4] als die Theorie von der Geltungsanordnung finden.

1. Nach *Engischs* Darstellung[5] bestehen die Rechtsfolgen, die in den Rechtssätzen an die Tatbestände geknüpft werden, in Rechten und Pflichten, wobei stets dem Recht des einen die Pflicht eines anderen korrespondiert, z. B. dem Recht des Verkäufers auf Erlangung des Kaufpreises die Pflicht des Käufers zu dessen Entrichtung bzw. die Pflicht des Staates zur Verurteilung des Käufers und zur Zwangsvollstreckung in sein Vermögen. Es ist dann freilich weiter zu prüfen, ob man überhaupt nur noch von Rechten oder nur noch von Pflichten als Rechtsfolge sprechen sollte. Engisch meint, es sei zweifellos, daß es keine Rechte ohne Pflichten gebe, ob dagegen jeder Pflicht ein Recht auf Erfüllung dieser Pflicht gegenüberstehe, sei zweifelhaft, und zwar selbst dann, wenn man bei den entsprechenden Rechten nicht nur an Rechte des Einzelnen, sondern auch an Rechte der Gemeinschaft und insbesondere des Staates denke. Als das Entscheidende an der Rechtsfolge erscheint also die Pflicht, und so kommt Engisch schließlich dahin, die sog. Imperativentheorie zu bejahen[6]: die in den Rechtssätzen vorgesehenen Rechtsfolgen bestehen in Pflichten; eine Pflicht besteht immer in einem Sichverhaltensollen; das „du sollst" ist imperativisch; also sind die Rechtssätze Imperative, und das bedeutet im Sinne der Imperativentheorie, daß das Recht seiner Substanz nach aus Imperativen und nur aus Imperativen besteht.

Diese Imperativentheorie sieht sich in den gängigen Beispielen bestätigt: nach § 433 BGB wird der Verkäufer einer Sache durch den Kaufvertrag verpflichtet, dem Käufer die Sache zu übergeben und das Eigentum an der Sache zu verschaffen, und der Käufer wird verpflichtet, dem Verkäufer den vereinbarten Kaufpreis zu zahlen und die verkaufte Sache abzunehmen; nach § 823 BGB hat derjenige, der etwa das Eigentum eines anderen vorsätzlich widerrechtlich verletzt, dem Verletzten den Schaden zu ersetzen, usf. Schwierigkeiten bereiten dieser Auffassung allenfalls diejenigen gesetzlichen Bestimmungen, die keinen solchen Imperativ erken-

---

[3] Karl *Engisch*, Einführung in das juristische Denken (2. Aufl., 1959), S. 12 ff.
[4] Karl *Larenz*, Methodenlehre der Rechtswissenschaft (1960), S. 149 ff.
[5] Vgl. zum folgenden *Engisch*, a. a. O., bes. S. 20 f.
[6] Die folgenden Sätze a. a. O., S. 21 und 22.

nen lassen, sondern die z. B. Definitionen enthalten oder Befugnisse
(also Gestaltungsrechte — wie das Recht zur Anfechtung eines
Rechtsgeschäfts — u. dgl.) einräumen. Aber diese Schwierigkeiten
sind offenbar zu beheben: die fraglichen Gesetzesbestimmungen
werden eben als „unvollständig" oder „unselbständig" bezeichnet;
sie müssen im Zusammenhang mit anderen gesetzlichen Bestimmungen als ein großer „vollständiger" Rechtssatz gesehen werden.
So sagt Engisch von diesen unselbständigen Sätzen: „Sie haben
Sinn nur im Zusammenhang mit Imperativen, die sie erläutern
oder einschränken, wie umgekehrt auch diese Imperative nur dadurch vollständig werden, daß man die Erläuterungen durch Legal-
definitionen und Einschränkungen, durch Erlaubnisse wie auch son-
stige Ausnahmen hinzudenkt. Die eigentlichen Sinnträger der
Rechtsordnung sind die aus den grammatischen Sätzen des Gesetzbuches herauspräparierten und herauskonstruierten Verbote und
Gebote an die Rechtsunterworfenen, zu denen übrigens auch die
Staatsorgane zu zählen sind."[7]

Mit dieser letzten Bemerkung beantwortet Engisch zugleich die
Frage nach dem Adressaten des Rechtssatzes, die die deutsche
Rechtstheorie früher so heftig bewegte. Es ist hier nur an die
Monographie Julius Binders aus dem Jahre 1927 „Der Adressat
der Rechtsnorm und seine Verpflichtung" zu erinnern, in der
Binder — weitgehend auf Grund rechtshistorischer und stilistischer
Betrachtungen — zu dem Ergebnis kommt, daß Adressat der Rechtssätze nur die Staatsorgane seien[8]. Wie sich zeigt, ist Engisch hier
anderer Ansicht: an alle Rechtsunterworfenen — und darunter eben
auch an die Staatsorgane — sind die Imperative der Rechtssätze
gerichtet: „du, Käufer, sollst zahlen", „du, Richter, sollst zur Zahlung verurteilen".

Wir brauchen hier auf weitere Einzelheiten nicht einzugehen,
so auch nicht darauf, daß es sich hier jeweils um sog. hypothetische
oder konditionale Imperative[9] handelt, d. h. daß die Imperative
nur für den Fall des Gegebenseins des jeweils im Tatbestand
beschriebenen Sachverhalts ausgesprochen sind. Es genügt für die

---

[7] Engisch, a. a. O., S. 23.

[8] Abhandlungen der Rechts- und Staatswissenschaftlichen Fakultät der
Universität Göttingen, 5. Heft, siehe bes. S. 61 f., 65, 85 f. (— offenbar ab-
weichend freilich S. 3 f. —).

[9] Vgl. Engisch, a. a. O., S. 21, 32.

4

weiteren Überlegungen, daß wir die Imperativentheorie kurz dargestellt haben, die als die heute in Deutschland vorherrschende Theorie von der Funktion des Rechtssatzes bezeichnet wird[10].

2. Theorien werden aufgestellt, damit sie bekämpft werden können. So hat auch die Imperativentheorie seit langem ihre Gegner[11]. In jüngster Zeit hat *Larenz* in seiner „Methodenlehre der Rechtswissenschaft" (1960) Bedenken gegen sie erhoben. Seine Auffassung vom Wesen der im staatlichen Rechtssatz angeordneten Rechtsfolge sei hier als Geltungsanordnungstheorie dargestellt.

Larenz fragt[12], wie es denn mit solchen Rechtssätzen stehe, durch die unter bestimmten Voraussetzungen jemandem ein Recht eingeräumt oder durch die ein bestehendes Recht verändert, beschränkt oder entzogen werde. „Man denke an die Bestimmungen über den Erwerb und den Verlust des Eigentums oder eines anderen Rechts, den Übergang einer Forderung kraft Gesetzes, die Entstehung eines gesetzlichen Pfandrechtes, den Übergang oder das Erlöschen einer Hypothek u. a. m. Treten hier nicht ‚Rechtsfolgen' ein, ohne daß gerade eine Rechtspflicht begründet würde?" Larenz meint, daß hier die Rechtssätze nicht als Imperative verstanden werden könnten. Gewiß sei im Eigentum das an alle gerichtete Verbot enthalten, den Eigentümer in seiner Sachherrschaft zu beeinträchtigen; aber die Auffassung, daß allein in dieser Ausschlußfunktion der rechtliche Gehalt des Eigentums liege, werde dem Sinn- und Sachgehalt des Eigentums nicht gerecht. Die an alle gerichtete Verbotsnorm habe hier „den positiven Sinn, daß der Wille des Eigentümers von der Rechtsordnung innerhalb gewisser Grenzen als allein maßgeblich anerkannt, ihm die Bestimmung über die Sache überlassen und er dadurch als Person bestätigt" werde. Wenn ein bestimmter Rechtssatz zur Folge habe, daß A das Eigentum an einer Sache verliere und B es erwerbe, so bedeute das nicht nur, daß nun das an alle gerichtete Verbot einer Störung des A entfalle und ein neues Verbot an alle, den B zu stören, an seine Stelle trete, sondern die Rechtsfolge sei ein Wechsel der Eigentumszuteilung; für

---

[10] *Larenz*, a. a. O., S. 152.
[11] Vgl. die Zusammenstellung bei *Larenz*, Methodenlehre (1960), S. 152 Anm. 2.
[12] Die folgenden Absätze fassen die Darstellung von *Larenz*, a. a. O., S. 151 ff. zusammen.

das allgemeine Bewußtsein und nach der Ausdrucksweise des Gesetzes stehe im Vordergrund, daß nunmehr B „von Rechts wegen" über die Sache zu bestimmen habe. Gleiches gelte für den Übergang eines Forderungsrechts, einer Hypothek oder eines anderen Rechts. Es gebe also, so meint *Larenz*, zahlreiche Rechtssätze, deren Rechtsfolge nicht so sehr in der Auferlegung (oder Änderung) einer Pflicht, als vornehmlich in einer Änderung der Zuteilung von Sachen oder Rechten bestehe. Die Imperativentheorie könne alle darauf bezogenen Sätze nur als Hilfssätze, nicht aber als vollständige Rechtssätze verstehen. Sie werde damit der Bedeutung dieser Regelungen nicht gerecht.

So kommt *Larenz* zu dem Ergebnis, mögliche „Rechtsfolge" eines Tatbestandes sei nicht nur die Entstehung oder Beendigung einer Rechtspflicht, sondern beispielsweise auch der Erwerb, die inhaltliche Veränderung, der Übergang oder der Verlust eines subjektiven Rechts, der Erwerb oder die Änderung des rechtlichen Status einer Person, der Erwerb oder Verlust einer „Rechtsmacht" (wie z. B. einer Vollmacht) oder einer rechtlichen Zuständigkeit. Es lasse sich nicht sagen, daß jeder (vollständige) Rechtssatz ein Gebot (oder Verbot) enthalte; wohl aber enthalte jeder Rechtssatz eine Geltungsanordnung, die sich an jeden richte, der in seinen rechtlichen Verhältnissen davon berührt werde und in der Lage sei, sie zu verstehen. Der Rechtssatz begründe vermöge der rechtlichen Autorität des Normsetzers „Rechtsfolgen", die innerhalb dieser Rechtsgemeinschaft als für die rechtlichen Beziehungen der Einzelnen (zueinander oder innerhalb bestimmter Gemeinschaften) maßgeblich betrachtet würden. —

Beenden wir hiermit den Bericht; in gewiß sehr knappen Zügen haben wir uns die Imperativentheorie und als Gegenmeinung die Geltungsanordnungstheorie vor Augen geführt. Was gewinnen wir aus solchem Theorienstreit? Was haben wir nun von Wesen und Funktion des Rechtssatzes in den eröffneten Aspekten zu halten?

II. 1. Suchen wir die Begriffe zu klären, so ist Imperativ zunächst — wenn wir uns an eine gängige Erläuterung halten, die nichts anderes ist als eine Übersetzung des Fremdworts — „das in der Form eines Befehls gegebene Gebot oder Gesetz"[13]. Da nun

---

[13] So die einzige Erläuterung bei J. *Hoffmeister*, Wörterbuch der philosophischen Begriffe (2. Aufl., 1955).

ein solcher Befehl im allgemeinen nicht als etwas für sich allein
Existierendes gedacht wird, gehören zur Vorstellung des Imperativs sowohl der Befehlende als auch der Befehlsempfänger oder
Adressat; und weiter ist für diesen Begriff des Imperativs, der den
Adressaten zu einem im Befehl geschilderten Verhalten bewegen
soll, vorauszusetzen, daß der Befehl dem Adressaten nicht nur
äußerlich wahrnehmbar, sondern auch in verständlicher Weise zugänglich gemacht wird.

Man kann nun freilich unter Imperativ — und hierbei ergibt
sich also ein neuer Begriff zu diesem Wort — auch einen „Befehl"
verstehen, der als für sich existierend gedacht wird. Da unser Wort
Befehl hierfür freilich nicht mehr paßt, spricht man im allgemeinen
bei dieser Bedeutung des Imperativs von einem „Gebot", — einem
Gebot also, das ohne den Ursprung eines menschlichen Willens
und zugleich als nicht an einen Adressaten gerichtet erlebt wird.
Solch ein Imperativ läßt sich dann auf das Gewissen, auf die Vernunft, auf Gott zurückführen, und er wird als zeitlos lebendig, immer vernehmbar gedacht. Es ist derjenige „Imperativ", wie er uns in
der kantischen Ethik mit diesem Namen aufgewiesen wird und den
Kant als die Formel eines Gebots der Vernunft bezeichnet[14]. Und
zwar gebietet die Vernunft in Gestalt des hypothetischen Imperativs eine Handlung als Mittel zu etwas anderem, das man will; in
Gestalt des kategorischen Imperativs aber gebietet sie eine Handlung als für sich selbst, ohne Beziehung auf einen anderen Zweck,
als objektiv notwendig.

Soviel sei zum Begriffe des Imperativs gesagt.

Über den von *Larenz* verwendeten Begriff der Geltungsanordnung läßt sich wohl nur sagen, daß hier offenbar ein menschlicher
Willensakt gemeint ist, der innerhalb einer Beziehung unter Menschen etwas als unter bestimmten Voraussetzungen geltend an-
ordnet. Man wird an den Willen des konkret-historisch gesehenen
Gesetzgebers zu denken haben[15], wobei die Geltung letztlich aus
der Autorität des Normsetzers herzuleiten sein wird.

---

[14] Vor allem in der „Grundlegung zur Metaphysik der Sitten", 2. Ab-
schnitt.

[15] *Larenz*, a. a. O., S. 151 meint, der Sinn der Zuordnung der Rechtsfolge
im Rechtssatz sei eine Geltungsanordnung: „Der Urheber des Rechtssatzes,
das ist derjenige, der ihn ‚in Geltung' setzt, behauptet nicht, daß es so *sei*,
sondern bestimmt, daß die Rechtsfolge *gelten solle*." — S. 156 ist von der

2. Machen wir uns nun nach dieser Vorklärung der Begriffe an die kritische Betrachtung des Theorienstreits. Es zeigt sich, daß die Imperativentheorie, wie wir sie von *Engisch* dargestellt und verwendet finden, im Rechtssatz den Imperativ als den Befehl des konkret-historischen Gesetzgebers sieht und daher den Adressaten des jeweiligen Befehls notwendig mit in die Darstellung einbezieht[16]. Wenn freilich nun ganz allgemein „die Rechtsunterworfenen" — und darunter „auch die Staatsorgane" — als Adressaten der Rechtssätze, also dieser Imperative, bezeichnet werden, dann ist doch wohl zu fragen, wer unter den Rechtsunterworfenen denn überhaupt von diesen Imperativen Kenntnis nehme, — ja: wer etwa die Gesetze, um die es hierbei geht, überhaupt zu verstehen imstande sei. Viele auch der einfachsten Rechtssätze, die doch erst aus dem größeren Zusammenhang eines Gesetzes, wie etwa des Bürgerlichen Gesetzbuches, ihren Sinn erhalten, sind ja doch nur dem ausgebildeten Juristen verständlich, nicht aber dem Rechtsunterworfenen schlechthin. Es scheint also die Imperativentheorie — wenn sie die Grundvorstellung eines vom Gesetzgeber erteilten Befehls nicht verlassen will — der Wirklichkeit nicht gerecht werden zu können[17].

rechtlichen Autorität des Normsetzers die Rede. — S. 195 bringt einen Vergleich des Gesetzes mit dem richterlichen Urteil, der das Gesagte wohl bestätigt: „Die mit der Autorität des Gerichts im Urteil ausgesprochene Geltungsanordnung hat nicht lediglich den Charakter einer Aussage, sondern, nicht anders als das Gesetz, den einer Willenssetzung — sie ist Ausdruck eines auf rechtliche Geltung zielenden Willensakts"

[16] Dieses Verständnis des Imperativs ergibt sich aus der Bemerkung zum Adressatenproblem — *Engisch*, a. a. O., S. 23 —; ferner ausdrücklich S. 22: „... daß die Rechtssätze Imperative sind. Das ist in dem Sinne gemeint, daß die Rechtssätze einen Willen der Rechtsgemeinschaft bzw. des Staates bzw. des Gesetzgebers ausdrücken." Ferner S. 28: „Nur indem die Bewertungsnormen zu Willensäußerungen, also eben zu Befehlen erstarken, werden sie zu Rechtsnormen." — Wenn Engisch dann freilich im folgenden (S. 28 ff.) fragt, ob diese Imperative im Lichte der Kant'schen Terminologie kategorisch oder hypothetisch sind, so geht die Darstellung auf jenen anderen Begriff des Imperativs über, nämlich auf das Vernunftgebot, das im Inhalte des (kategorisch) Gebotenen mit dem Imperativ des staatlichen Gesetzgebers natürlich übereinstimmen kann.

[17] Die Problematik des Adressatenproblems ist mit dem Gesagten nur zum Teil angedeutet. Eine neuere, gründliche Zusammenfassung und Kritik findet sich bei Armin *Kaufmann*, Lebendiges und Totes in Bindings Normentheorie (1954), S. 121 ff. Dabei beschränkt Kaufmann seine Kritik freilich auf den Begriff des Imperativs — der „Norm" — i. S. des Vernunftgebots (S. 124 f.: „Die Norm ist die Denkform der Gebundenheit vom Menschen."), ohne daneben den Begriff des konkreten Befehls noch zu berücksichtigen.

Zugleich werden die Phänomene des Rechtslebens, wenn wir sie von unser aller täglichem und unmittelbarem, sozusagen justizfreiem Erleben her sehen, von der Imperativentheorie entschieden verkürzt. Hier können wir in wenigen Worten die Larenz'sche Kritik übernehmen: die verwandtschaftlichen Beziehungen, das Eigentum an einer Sache (das ja der Verkäufer nach dem Wortlaut des § 433 BGB auch zu verschaffen hat als etwas gleichsam positiv Gegebenes, als eine existierende Rechtsmacht), die Vollmacht, die einem erteilt wird, die Volljährigkeit usw. — dies alles und so vieles andere läßt sich nicht in Imperativen einfangen, wenn man nicht wesentliche Züge der rechtlichen Phänomene aus dem Blick verlieren will. Dies wird auch daran offenbar, daß wir z. B. von dem „Entstehen", von der „Übertragung", von dem „Untergang" eines Rechtes reden, als ob es sich um ein leibhaftig existierendes Etwas handele; zwar verwenden wir hier bildliche Vorstellungen unserer Sinnenwelt für Vorgänge rein geistiger Art und reden also hiervon in einem übertragenen Sinne, — aber daß wir so reden, zeigt doch auch zugleich, daß sich unser Erleben hier nicht in dem von allerlei Imperativen erschöpft.

Können wir uns demnach die bisher angeführte Kritik an der Imperativentheorie durchaus zu eigen machen, so ist doch zu fragen, ob denn die Auffassung vom Rechtssatz als „Geltungsanordnung" ernstlich über diese Schwierigkeiten hinwegzuhelfen vermag. Larenz meint zwar, die viel erörterte Frage nach dem Normadressaten sei ein durch die Imperativentheorie verursachtes Scheinproblem; die Geltungsanordnung richte sich an jeden, den sie angehe, der in seinen rechtlichen Verhältnissen davon berührt werde und in der Lage sei, sie zu verstehen[18]. Sollte das nun aber etwa bedeuten, daß dann gewisse Rechtssätze — etwa die über die ungerechtfertigte Bereicherung — nur für den Juristen gelten, der sie versteht, oder daß sie für jeden Rechtsunterworfenen gelten, der von der Anordnung betroffen wird, auch wenn er sie nicht versteht? Soweit es also um einen Begriff der Anordnung geht, der den Adressaten mit voraussetzt, führt diese Auffassung nicht über die Imperativentheorie hinaus. Wie aber steht es mit den positiven Rechtsgehalten, die diese Auffassung gegen die Imperativentheorie anführt? Soweit wir an die unabhängig von Imperativen erfaßbaren Gehalte des Eigentums, der Vollmacht,

---

[18] *Larenz*, a. a. O., S. 156 Anm. 1.

der Volljährigkeit usf. denken, ist zu fragen, ob denn diese
Gehalte im Erlebtwerden auf die Anordnung des Normsetzers
zurückgehen, wie es die Darstellung bei Larenz doch wohl annimmt.
Und wenn Larenz beim Eigentum vom „allgemeinen Bewußtsein"[19]
spricht und bei der Volljährigkeit von der Bedeutung, die ihr
„der ‚Laie', unseres Erachtens mit Recht", beilegt[20], so ist weiter
zu fragen, ob denn gerade dieses positiv erlebte Eigentum und
ob dieser Gehalt der Volljährigkeit erst auf Grund einer Kenntnis
der Rechtssätze „gilt", deren Wesen und Funktion Larenz hier
zu erfassen sucht. Ist solche „Geltung" nicht vielmehr ganz oder
weitgehend unabhängig, jedenfalls gerade im Laienbewußtsein
losgelöst von der gesetzlichen Anordnung? Führen diese Phänomene nicht hinaus über die Geltungs„anordnung" des Gesetzgebers, um deren Erfassung als eines Rechtssatzes es hier geht?
— Und wie soll es sein mit anderen Anordnungen, die durchaus
die Beziehungen der Einzelnen zueinander regeln und also auch
für sie maßgeblich sein müßten und die doch so oft unter den
Betroffenen zunächst gar nicht „gelten", sondern erst dann, wenn
ihre Sache vor Gericht kommt? Wenn etwa § 133 BGB bestimmt, daß
bei der Auslegung einer Willenserklärung nicht am buchstäblichen
Sinne des Ausdrucks zu haften ist, oder wenn § 157 BGB bestimmt, daß Verträge so auszulegen sind, wie Treu und Glauben
mit Rücksicht auf die Verkehrssitte es erfordern — wer hindert
dann die Einzelnen, anders zu verstehen und auszulegen? Ja —
wer gibt ihnen überhaupt die geistige Fähigkeit, verstehend über
den Wortlaut ihrer Erklärungen hinaus vorzudringen? Kann die
richtige Auslegung jedermann geboten werden oder nicht vielmehr
nur denen, die in der Kunst juristischen Verstehens ausgebildet
sind? Oder denken wir an die Rechtssätze über das Testament:
wer hindert den Familienvater, seinen letzten Willen den Angehö-
rigen formlos mündlich zu offenbaren, und wer hindert hernach
die Beteiligten, diesem letzten Willen zu gehorchen, — obwohl nach
dem Gesetz gewiß kein gültiges Testament errichtet worden ist?
Derartige Fragen können gewiß nur auf Altbekanntes hinweisen.
Im vorliegenden Zusammenhang sollen sie uns die Bedenken
gegen die Auffassung bewußt machen, die Rechtssätze seien
Geltungsanordnungen, die für jeden gelten, dessen Rechts-

[19] *Larenz*, a. a. O., S. 153.
[20] *Larenz*, a. a. O., S. 155.

verhältnisse betroffen werden. Zeigt sich doch, daß sie in derartigen Fällen nur mittelbar für den Betroffenen gelten, sofern nämlich in seiner Rechtssache die Staatsorgane einzugreifen haben, die sich dann an jene Rechtssätze zu halten haben. Das heißt aber, daß hier die Geltungsanordnung nur als an die staatlichen Organe gerichteter Imperativ aufgefaßt werden kann, gemäß dieser Anweisung zu entscheiden, und daß sich — wenn wir beim Beispiel bleiben wollen — der seinen letzten Willen erklärende Familienvater an diese Rechtssätze allenfalls in der Form eines — in der Kant'schen Terminologie: — hypothetischen Imperativs gebunden sehen kann, derart, daß er sich z. B. an die gesetzlich vorgesehene Testamentsform hält, um so zu erreichen, daß im Falle eines späteren Rechtsstreits unter seinen Erben die Gerichte auf Grund der Gesetze seinen Wünschen gemäß zu entscheiden haben. —

III. Es fragt sich nun, wie mit dem kritisch gewonnenen Befund fertig zu werden sei. Vielleicht hilft es uns weiter, wenn wir die Phänomene, die uns in den Blick gekommen sind, anhand der zuvor geklärten Begriffe ordnen. Dann werden wir zu unterscheiden haben:

Sehen wir den Rechtssatz, wie wir ihn im Gesetzbuch vorfinden — also etwa die zuvor angeführten Beispiele der Bestimmungen über die Pflichten beim Kauf oder bei der unerlaubten Handlung—, so haben wir hierin eine menschliche Willensäußerung vor uns, sei es nun des konkret-historischen Gesetzgebers, sei es einer größeren Gesamtheit, die durch die entsprechenden, das Gesetz fassenden Organe vertreten wird. (Hierbei erscheint auch das Festhalten an einem älteren Gesetz als Willensäußerung jeweils desjenigen, dem wir ein etwaiges neues Gesetz zuschreiben würden.) Diese Willensäußerung ist darauf gerichtet, menschliches Tun und Lassen herbeizuführen; — es handelt sich also um einen Imperativ i. S. des Befehls, der außer dem Befehlenden auch den Befehlsempfänger voraussetzt. Als solcher kommt nur der in Betracht, den der Befehl tatsächlich erreicht, d. h. derjenige, der — in einem modernen Staatswesen in der Fülle der Gesetze — den für ihn maßgeblichen Befehl aufzufinden und zu verstehen in der Lage ist. Das sind regelmäßig nur die als Staatsorgane handelnden Menschen, in Sonderfällen aber auch jedermann oder doch ein größerer Kreis von Rechtsgenossen, soweit ihm nämlich eine Regelung in Form eines ihm verständlichen Befehls zugänglich gemacht wird.

Sehen wir aber, wie dies oft naheliegt, durch den gesetzlichen Rechtssatz gewissermaßen hindurch, dann zeigen sich uns hinter diesen Befehlen so oft jene alten Gebote, die uns unmittelbar einsichtig sind: du sollst nicht töten, du sollst geschlossene Verträge einhalten und erfüllen usf. Es sind dies jene Gebote der Vernunft im kantischen Sinne, die — als kategorische Imperative von niemandem ausgehend und an niemanden gerichtet — doch so erlebt werden, daß jeder sich betroffen fühlt als von einem als zeitlos gültig erlebten Gebot; und so sagen wir dann wohl auch, diese Gebote richteten sich an alle[21].

Halten wir diese Grundunterscheidung fest. Sie sagt gewiß nichts Neues, und auch die beiden zuvor angeführten Theorien über Wesen und Funktion des Rechtssatzes leugnen keineswegs einen solchen den Anordnungen des Gesetzgebers vorgegebenen Bereich gültiger sittlicher Forderungen. Überraschend ist jedoch, daß beide Auffassungen, sobald es um die Analyse des Rechtssatzes geht, die zu unterscheidenden Bereiche nicht mehr trennen. So kommt es, daß die eine Auffassung *alle* Rechtsunterworfenen als Adressaten des als Befehl verstandenen Rechtssatzes begreift und sich damit all jenen alten Einwendungen gegen diese Art der Imperativentheorie aussetzt; und so kommt es auch, daß die andere Auffassung das Adressatenproblem als ein Scheinproblem bezeichnet und beiseite schiebt und daß sie glaubt, mit der Annahme einer „Geltungsanordnung" des Gesetzgebers sowohl die aus den sittlichen Postulaten herrührende Geltung wie auch das Betroffensein von jedermann erfassen zu können, das zu den gesetzlichen Rechtssätzen gar nicht paßt.

Woran mag es liegen, daß der gerade für die allgemeine Rechtstheorie so bedeutsame Unterschied immer wieder verwischt wird? Offenbar daran, daß wir uns scheuen, bestimmte Phänomene, die uns im Zusammenhang mit der Betrachtung staatlicher Rechtssätze in den Blick kommen, anders denn als rechtliche zu bezeichnen, und daß von daher dann auch die gesetzliche Anordnung

---

[21] Armin *Kaufmann*, Lebendiges und Totes in Bindings Normentheorie (1954), S. 124 f., sagt von der „Norm", die er als „die Denkform der Gebundenheit von Menschen" begreift: „Jedermann ist Adressat jeder Norm" (S. 125, 132).

so leicht ganz oder teilweise mit dem sittlichen Imperativ in eins gesetzt wird, der der gesetzlichen Regelung zugrunde liegt oder auf den sie sich jedenfalls beziehen läßt. So dürfte es zunächst eine Forderung sachgerechter Terminologie in der Rechtstheorie sein, daß wir beide Bereiche als solche des Rechts bezeichnen. Gehen wir von den Eingangsbeispielen gesetzlicher Rechtssätze aus und sehen wir in ihnen als den staatlichen Imperativen die *staatliche Rechtsordnung* verkörpert, so empfiehlt es sich daher, wie wir Staat und Gesellschaft einander zu konfrontieren pflegen, jene in der Gesellschaft lebendigen Vorstellungen rechtlicher Gebote und Inhalte als *gesellschaftliche Rechtsordnung* zu bezeichnen. Es ist also der üblicherweise allein als Rechtsordnung bezeichneten staatlichen Rechtsordnung die — und daher rührt denn auch das Thema dieses Vortrags — gesellschaftliche Rechtsordnung gegenüber oder zur Seite zu stellen. Damit ergibt sich freilich zugleich auch ein weiterer Begriff von Recht und Rechtsordnung, als er gemeinhin üblich ist, wenn nur an die staatliche Rechtsordnung gedacht wird. Unter Rechtsordnung wird man dann — ohne daß hier ein erschöpfender Begriff gebildet werden soll — die das Zusammenleben im Gemeinwesen grundlegend regelnden Vorstellungen zu begreifen haben, die als *staatliche* Rechtsordnung staatlich gesetzt oder doch von den Gerichten und anderen Staatsorganen praktiziert werden, als *gesellschaftliche* Rechtsordnung dagegen ganz allgemein oder doch weithin im Bewußtsein der Gesellschaft lebendig sind.

Bevor wir auf die Voraussetzungen und die Folgerungen dieses Unterscheidens eingehen, sollen diese beiden Rechtsordnungen noch etwas näher betrachtet werden, damit sich das Gemeinte anschaulicher zeige.

IV. Die *gesellschaftliche Rechtsordnung* als die im Bewußtsein der Gesellschaft lebendige Grundordnung des Zusammenlebens besteht vor allem aus dem, was Max Ernst *Mayer* als sog. Kulturnormen der staatlichen Rechtsordnung vorausgehen sah[22] und was wir heute gemeinhin unter der Bezeichnung der sozialethischen[23] Grundlagen des Gemeinschaftslebens kennen: z. B. es gilt Einehe, Kinderehe ist verpönt, man darf nicht stehlen, betrügen, nicht

---

[22] Max Ernst *Mayer*, Rechtsnormen und Kulturnormen, 1903.
[23] Einige Nachweise finden sich bei *Schmidhäuser*, Gesinnungsmerkmale im Strafrecht (1958), S. 161 f.

Menschen verletzen oder töten usw.; man hat Verträge zu halten
und sinnvoll zu erfüllen. Auch die Rechtsvorstellungen sonst
gehören hierher: Eigentum ist eine Herrschaftsmacht, die sich
übertragen läßt; eine Vollmacht wird erteilt; mit der Volljährigkeit erlangt man eine Reihe wichtiger Rechte, usw. Im
ganzen zeigt sich: je unmittelbarer der Einzelne betroffen ist und
je mehr es um das Verhältnis von Einzelnem zu Einzelnem in
seiner täglich erlebten Anschaulichkeit geht, desto schärfer werden
die Umrisse dieser Ordnung selbst schon in der Gesellschaft
erlebt, desto stärker werden die in Frage stehenden Pflichten
empfunden. Je mehr es dagegen um das Verhältnis des Einzelnen
zur Gesellschaft im ganzen und zum Staate geht, desto offener
bleibt die vom Einzelnen erlebbare Pflicht: eine vernünftige
Staatsführung zu unterstützen, den angemessenen Teil zum allgemeinen Wohl beizutragen, vernünftig bemessene Steuern zu ent-
richten usw.; — hier überall hat die staatliche Rechtsordnung
innerhalb eines oft großen Spielraums den Imperativ jeweils im
Einzelfall noch genauer zu bestimmen.

Mit dem Begriff der *gesellschaftlichen Rechtsordnung* werden
demnach auch die positiv-gewendeten Rechtserlebnisse erfaßt, —
hierunter also jene Gehalte wie Eigentum, Vollmacht u. a. m.,
die Larenz als nicht in Imperativen sich erschöpfende Phänomene
anführt. Und es hat wohl auch sein Gutes, wenn durch diesen
Begriff das Recht als eine Grundordnung des menschlichen Zusammenlebens bewußt gemacht wird, die nicht nur aus dem
Konfliktsfalle lebt. „Das Recht wird immer erst lebendig, wenn
Streit entsteht"[24] — diese einseitige Sicht liegt gerade dem
Juristen nahe, der die Dinge so oft nur aus dem richterlichen
Blickpunkt sieht, der ja seine berufliche Vorbildung vor-
wiegend bestimmt. Aber auch der Richter, dem in diesen Kon-
fliktsfällen aufgegeben ist, die Grundordnung auf den einzelnen
Fall auszurichten und ihre Forderungen zu präzisieren, kann die
Maßstäbe hierzu nicht aus dem Streite selbst, sondern nur aus
der Ordnung gewinnen, die durch den Streit gestört worden ist.

Die *staatliche Rechtsordnung* besteht in erster Linie aus den
vom Gesetzgeber erlassenen Gesetzen. Sie sind vor allem an die
staatlichen Organe gerichtete Imperative. Es sind zunächst die-

---

[24] Julius *Binder*, a. a. O., S. 12 f.

14

jenigen Imperative, die mit tatbestandlicher Allgemeingültigkeit
für das der staatlichen Gewalt unterliegende Gebiet die Staatsgewalt erst einmal organisatorisch aufbauen (woher sie den Namen
Organisationsnormen haben) und zugleich die Aufgaben verteilen.
Die Gesetzgebungsorgane, die Recht sprechenden und die vollziehenden Organe in all ihren Stufen werden hier geschaffen.
Dabei zeigt sich — sachlich bedingt — ein unterschiedlicher Grad
der Detaillierung: wird z. B. dem Bundeskanzler weitgehend nur
die Aufgabe zugewiesen, die Richtlinien der Politik zu bestimmen,
so wird dem Richter bis ins einzelne der Gang des Entscheidungs-
verfahrens und werden ihm die tatbestandlichen Prämissen seiner
Entscheidung vorgeschrieben, dem Finanzbeamten genau die Steuer-
sätze vorgezeichnet usw.

Auf die zuvor angeführten Beispiele aus der gesellschaftlichen
Rechtsordnung bezogen, lassen sich hierbei folgende Beispiele
staatlicher, an die Organe gerichteter Befehle anführen: an den
Standesbeamten, keine Doppelehe zu schließen, — an den Strafrichter, denjenigen zu bestrafen, der vorsätzlich gegen das in der
Gesellschaft geltende Verbot der Doppelehe verstoßen hat, — an
den Zivilrichter, die gegen das Verbot geschlossene Ehe für nichtig
zu erklären; ferner all die anderen Beispiele: der Befehl an den
Strafrichter, den Täter von Mord, Diebstahl und Betrug zu
bestrafen, — an den Zivilrichter, den Käufer zur Zahlung des
Kaufpreises und den Schädiger zur Leistung von Schadenersatz zu
verurteilen, usf.

Und hier finden sich nun die Bestimmungen unserer Gesetze
als an die staatlichen Organe gerichtete Imperative in einem
großen Zusammenhang, der weitgehend die Kehrseite jener positiv
erlebten Rechtswerte und -güter der gesellschaftlichen Rechtsordnung darstellt. Um nur wenigstens ein Beispiel anzuführen:
so erlebt etwa ein Amtsrichter im Rechtsstreit eines Klägers gegen
einen Beklagten, daß ein aus einer Vielzahl einzelner Bestimmungen zusammengesetzter Imperativ an ihn gerichtet ist: du
sollst jetzt als der in diesem Rechtsstreit des Klägers gegen den
Beklagten zuständige Richter (— welche Fülle von Regelungen
allein hierfür: von der Zuständigkeit des Amtsgerichts über die
ordnungsgemäße Berufung zum Richter bis zur Geschäftsvertei-
lung! —) in diesem durch ordnungsgemäß erhobene Klage ein-
geleiteten Verfahren usw. auf Grund der vom Kläger gestellten

Anträge den Beklagten, der, nach deiner in der Beweisaufnahme
pflichtgemäß begründeten Überzeugung, durch den wirksam
geschlossenen Vertrag vom Soundsovielten — geschlossen durch
den kraft Vollmacht bestellten Vertreter XYZ — den ihm vom
Kläger hernach gelieferten Photoapparat zum Preise von 900 DM
gekauft hat, zur Zahlung von 900 DM verurteilen! Das gesamte,
der Verurteilung des Beklagten vorausgegangene Verfahren bestand ja für diesen Amtsrichter aus derartigen Imperativen, die
jeweils die ganze große Reihe von tatbestandlichen Voraussetzungen umfassen, aus deren Gegebensein der Richter dann das
ihm jeweils Aufgegebene folgert: „Jetzt muß ich das, jetzt jenes
tun." Dieses Erleben des Imperativs machen sich die Richter der
Kollegialgerichte auch immer wieder gegenseitig bewußt, wenn sie
sich etwa befragen, was in einer bestimmten Rechtssache zu tun
sei, und antworten: „Da müssen wir einen Beweisbeschluß
erlassen" oder „Wir müssen jetzt die Klage abweisen" usf.

Und in diesen jeweils so umfassenden Voraussetzungen des
einzelnen Imperativs finden sich dann auch jene gesetzlichen
Bestimmungen über die Nichtigkeit oder die Auslegung von Ver-
trägen, über die Wirksamkeit eines Testaments u. dgl. und alle
anderen Bestimungen, die für die einzelnen Rechtsgenossen ohne
die Beziehung auf einen etwaigen Rechtsstreit unerheblich sein
mögen und auch gar nicht als an sie gerichteter Imperativ verstanden werden können. Vielmehr heißt der Imperativ hier z. B.: „Du,
Richter, hast, da der Vertrag, auf Grund dessen der Kläger klagt,
nichtig ist, die Klage abzuweisen!" Und wo in einer Erbengemein-
schaft, von der gesellschaftlichen Rechtsordnung her gesehen,
lediglich eine vernünftige Teilung mit Spielraum im einzelnen
geboten erscheint, da sind in dem an den Richter gerichteten
Imperativ klare Grenzen gezogen, hier etwa: die Hälfte und ein
Viertel und ein Viertel. Und so sind in der staatlichen Rechtsordnung auch scharfe zeitliche Grenzen gezogen, etwa für die
Zulässigkeit der Rüge eines Mangels beim Kauf, während zunächst
in der geselschaftlichen Rechtsordnung dies alles nur so ungefähr
vorgezeichnet sein kann. —

Nach dem bisher Gesagten scheinen zur staatlichen Rechtsordnung nur die vom Gesetzgeber erlassenen Gesetze zu gehören.
Aber ganz abgesehen davon, daß dies für andere Rechtsordnungen
als die unsere nicht gleichermaßen zu gelten braucht, zeigt sich

auch bei uns, daß neben die Gesetze in der Ausführung durch die
Staatsorgane noch das tritt, was wir oft als Gewohnheitsrecht, im
einzelnen als Richterrecht, Verwaltungspraxis, Behördenübung bezeichnen. Wir meinen damit den Inhalt, den die staatlichen
Imperative im Handeln der Staatsorgane gewinnen durch nähere
Bestimmung im Falle ihres relativen Unbestimmtseins oder durch
andersartige Bestimmung im Vergleich zu einem zuvor üblichen
oder zu einem von anderen Momenten ausgehenden Sinn-
verständnis. —

Sahen wir bislang die staatliche Rechtsordnung aus den Rechtssätzen bestehen, die sich als Imperative an die Staatsorgane
wenden, so gibt es doch auch staatliche Rechtssätze, die sich an
die Allgemeinheit oder wenigstens an größere Gruppen der
Allgemeinheit wenden. Solche Imperative finden sich vor allem
dort, wo im gesellschaftlichen Rechtsbewußtsein lebendige Gebote
näher ausgeformt werden. So ist es schon seit je in der gesellschaftlichen Rechtsordnung, die Leib und Leben anderer Menschen
zu achten gebietet, verboten, in einer für andere gefährlichen
Weise schnell zu fahren; und der Gesetzgeber hat in bezug
hierauf den Imperativ an den Strafrichter gerichtet, denjenigen
zu bestrafen, der in Städten oder Dörfern übermäßig schnell fährt
(§ 366 Ziff. 2 StGB). Auch die Bestimmungen der Straßenverkehrsordnung sehen entsprechende Strafbarkeit vor. Nun
erschien — wie wir alle miterlebt haben — infolge der starken
Zunahme des motorisierten Straßenverkehrs vor einigen Jahren
eine generelle Begrenzung der Geschwindigkeit in Wohngebieten
geboten; und die hierauf ergangene Bestimmung, wonach innerhalb geschlossener Ortschaften mit einer Geschwindigkeit von
höchstens 50 km in der Stunde gefahren werden darf, ist nun
ein unmittelbar an jedermann gerichteter staatlicher Imperativ,
der denn auch bei seiner gesetzlichen Einführung zunächst der
Bevölkerung nachdrücklich mit den heutigen Publikationsmitteln
bekanntgemacht wurde und den heute jeder Fahrschüler kennen-
lernen muß.

Im übrigen wendet sich die staatliche Rechtsordnung mit ihren
Imperativen auch dann recht häufig unmittelbar an den einzelnen
Rechtsgenossen, wenn die staatlichen Organe zur Erfüllung der
ihnen auferlegten Aufgaben der Mithilfe der Rechtsgenossen
bedürfen. Werden z. B., um eine allgemeine Unterrichtung über

kaufmännische Unternehmen zu ermöglichen, Handelsregister geführt, dann haben die Kaufleute ihre Firma anzumelden, und sie
werden unter Strafandrohung hierzu angehalten. Es möge dieses
eine, den §§ 8, 14 und 29 des HGB entnommene Beispiel hier für
alle die vielen anderen Fälle genannt sein, in denen das moderne
Gemeinwesen auf den verschiedensten Gebieten staatliche Fürsorge
im weitesten Sinne für die Allgemeinheit mit den erforderlichen
Imperativen an den Einzelnen verbindet. Hierher gehören auch
die Imperative, bei ordnungsmäßiger Ladung als Zeuge vor Gericht
zu erscheinen oder die ordnungsgemäß festgesetzte Steuer zu
zahlen. Wir sehen also, daß die staatlichen Gesetze als Imperative
— verstanden als an einen Adressaten gerichtete Befehle — nicht
nur an die Staatsorgane, sondern u. U. auch an jeden einzelnen
Rechtsgenossen oder doch etwa an einzelne Berufsgruppen wie
Ärzte, Apotheker u. a. m. gerichtet werden. —

Es ist nötig, nun nochmals zur Betrachtung der *gesellschaftlichen
Rechtsordnung* zurückzukehren. Es zeigt sich nämlich, daß die
staatliche Rechtsordnung das in der Gesellschaft lebendige Bewußtsein von der Grundordnung des Zusammenlebens selbst
wieder weithin beeinflußt. Die Poenalisierung gewissen Verhaltens
kann, wenn sie nur als vernünftig erlebt wird, bewirken, daß das
hierbei vorausgesetzte Postulat unmittelbar ins gesellschaftliche
Rechtsbewußtsein aufgenommen wird. Im übrigen können sich die
Rechtsgenossen etwa im Bereich des Privatrechts über ihre Aus-
sicht im Falle eines Rechtsstreits zuvor orientieren und dann ihr
Verhalten den staatlichen Rechtssätzen entsprechend einrichten,
d. h. die Handlungen vornehmen, die nach dem gesetzlichen Tatbestand vorausgesetzt werden, wenn der Richter eine dem
Handelnden erwünscht erscheinende Entscheidung soll treffen
müssen. Und von daher können dann gewisse Rechtsvorstellungen
feste Bestandteile des gesellschaftlichen Bewußtseins werden.
Ja — was als einstiger Gegenstand der ausdrücklichen Gesetzgebung
gedacht werden kann wie etwa die Gebote des Dekalogs, bedarf
nicht mehr des ausdrücklichen Imperativs, sondern erscheint
unmittelbar als überzeugend und daher auch verbindlich.

V. Der Blick, den wir um der Anschaulichkeit willen auf die
beiden Rechtsordnungen getan haben, sollte zugleich deutlich
machen, daß diese Ordnungen sich nicht so sehr in den grund-

legenden Gehalten unterscheiden als vielmehr in der Form, die
ihnen eignet. Die gesellschaftliche Rechtsordnung ist im Bewußtsein der Menschen hauptsächlich in der Form des der Vernunft
einsichtigen Gebots lebendig, sodann aber auch als Reflex der
staatlichen Rechtsordnung durch Miterleben des Handelns der
staatlichen Organe; so ist sie weithin ohne scharfe Konturen.
Die staatliche Rechtsordnung dagegen ist viel schärfer gezeichnet,
sie wird als Befehl deutlich auf den Gesetzgeber bezogen, der den
staatlichen Organen ihre Aufgaben zuweist und der in jenen
besonderen Fällen auch dem einzelnen Rechtsgenossen ein be-
stimmtes Verhalten befiehlt (ich denke an die Beispiele gewisser
Meldegebote oder an das jedermann zugänglich gemachte Verbot,
gewisse Höchstgeschwindigkeiten im Straßenverkehr zu über-
schreiten).

Auf Grund der Unterscheidung von staatlicher und gesellschaftlicher Rechtsordnung lassen sich für die allgemeine Rechtstheorie
alle Phänomene, die wir dem Bereiche des Rechtlichen zuzuordnen
pflegen, dementsprechend benennen, ohne daß die Rechtssätze,
die wir den staatlichen Gesetzen entnehmen, in einer der Wirklichkeit des Rechtslebens widersprechenden Weise von vornherein
als an jedermann gerichtet angesehen werden müßten. Sie sind
Imperative im Sinne eines an Befehlsempfänger erteilten Befehls;
in ihnen gibt der Gesetzgeber in der Regel nur den staatlichen
Organen in einer Sprache und einer Ordnung, die zu verstehen
und die zu überschauen im allgemeinen eigens erlernt werden
muß, Anweisungen für ihr staatliches Handeln. Richter und Ver-
waltungsbeamte wissen, in welchen Gesetzen sie nachzusehen
haben, um zu erfahren, was ihnen in der jeweils gegebenen
Situation zu tun geboten sei. Soweit Begriffe wie Eigentum, Vollmacht u. a. m. in diesen Imperativen auftauchen, sind sie — wie
sich schon zuvor gezeigt hat — nichts anderes als eben auch nur
einzelne Momente in den Voraussetzungen, an die der Gesetzgeber das jeweils gebotene Handeln der Staatsorgane knüpft.
Als solche sind auch sie rechtliche Erscheinungen, aber eben solche
der gesellschaftlichen Rechtsordnung in dem Sinne, daß sie von
der staatlich imperativischen Rechtsordnung im Grundbestand
vorausgesetzt werden, so daß die staatlichen Rechtssätze allenfalls
die gestaltgebende und schützende Form für die bestehende
Grundordnung des Gesellschaftslebens darstellen.

Die Vorstellung von den beiden Rechtsordnungen dient jedoch nicht nur dem rechten Verständnis von der Funktion „des" Rechtssatzes, — sie ermöglicht auch die begriffliche Einordnung mancher Ausdrücke, die uns in den verschiedensten Gesetzen begegnen. So wird in § 51 StGB die Zurechnungsunfähigkeit danach bestimmt, ob der Täter „unfähig ist, das Unerlaubte der Tat einzusehen" usf., und in § 3 JGG wird gesagt, daß der Jugendliche dann strafrechtlich verantwortlich sei, wenn er „nach seiner sittlichen und geistigen Entwicklung reif genug ist, das Unrecht der Tat einzusehen und nach dieser Einsicht zu handeln". Es ist allgemein anerkannt, daß hier mit den Ausdrücken „Unrecht" und „Unerlaubtes"nicht schlechthin eine positive gesetzliche Bestimmung, etwa gar des Strafgesetzes, gemeint ist[25]; wenn dem so wäre, dann könnten allzuoft nur wir Juristen eines Verbrechens schuldig sein! Ganz zutreffend wird vielmehr zu § 3 JGG gesagt, es handle sich hier um „Unrecht i. S. eines Verstoßes gegen die allgemein verbindliche Gesellschaftsordnung"[26]. Es ist in aller Regel hier nichts anderes als ein Verstoß gegen die gesellschaftliche Rechtsordnung gemeint; nur dann kommt ein Verstoß gegen einen staatlichen Imperativ in Betracht, wenn es sich um einen Rechtsbereich handelt, in dem sich der Gesetzgeber mit seinen Imperativen an jedermann oder an größere Gruppen der Allgemeinheit wendet (und wo er also auch dafür sorgen muß, daß die Betroffenen die entsprechenden Bestimmungen in verständlicher Weise zugänglich gemacht bekommen).

Und was verbirgt sich anderes als die gesellschaftliche Rechtsordnung hinter den „guten Sitten", die wir im Strafgesetz bei der Einwilligung in die Körperverletzung (§ 226 a StGB), im BGB in der Bestimmung über die Nichtigkeit eines Rechtsgeschäfts (§ 138 BGB) und bei der Regelung der Schadensersatzpflicht im Falle vorsätzlich sittenwidriger Schädigung (§ 826 BGB) genannt finden? Mit denjenigen guten Sitten, von denen gesagt wird, daß der Umgang mit Frauen das Element guter Sitten sei,

---

[25] Vgl. dazu u. a. *Kohlrausch/Lange*,, StGB (42. Aufl. 1959), § 51, Anm. IX: „Unerlaubt ist rechtsfreier als: ‚das Unrecht' oder gar: ‚das Ungesetzliche' seiner Tat." *Schönke/Schröder*, StGB (11. Aufl., 1963) § 51, Rdn. 9: „Der Begriff des Unerlaubten ist daher weiter als der des Ungesetzlichen'. Auch *Maurach*, Strafrecht, Allg. Teil (2. Aufl., 1958), S. 377 f.; *Welzel*, Strafrecht (7. Aufl., 1960), S. 133: „Fähigkeit zur Einsicht in das materielle Unrecht".
[26] *Dallinger/Lackner*, Jugendgerichtsgesetz (1955), § 3 Rdn. 5.

haben die „guten Sitten" unserer Gesetze jedenfalls nichts zu tun. Die in den Gesetzen genannten guten Sitten meinen etwas viel Handfesteres, nämlich eben die mit jener gesellschaftlichen Rechts-überzeugung gehandhabten unentbehrlichen Grundregeln eines ge-deihlichen Zusammenlebens, sei es im allgemeinen, sei es etwa im kaufmännisch-geschäftlichen Verkehr oder sonst in spezielleren Beziehungen. Und das gleiche gilt für jene anderen, z. T. verschäm-ten Umschreibungen der gesellschaftlichen Rechtsordnung in un-seren Gesetzen: die Nötigung ist rechtswidrig, wenn sie „als ver-werflich anzusehen ist" (§ 240 StGB), „der Schuldner ist ver-pflichtet, die Leistung so zu bewirken, wie Treu und Glauben mit Rücksicht auf die Verkehrssitte es erfordern" (§ 242 BGB).

Zur allgemeinen Begriffsbildung sei noch auf einen weiteren Punkt hingewiesen. Es ist nicht verwunderlich, daß sich aus der Vorstellung, Recht sei nur die staatliche Rechtsordnung, im Be-griffe des Rechts so oft das Moment der Erzwingbarkeit oder Durchsetzbarkeit genannt findet. Denn das staatliche Recht ist jedenfalls dadurch gekennzeichnet, daß die Staatsorgane gegenüber den einzelnen Rechtsunterworfenen letztlich mit Gewalt vorgehen dürfen, um das Angeordnete durchzusetzen. Es ist nun ganz offen-sichtlich, daß von derartiger Begriffsbildung her der Rechtscharak-ter des Völkerrechts entschieden in Frage gestellt wird, da ja die Erfüllung der anerkannten Grundregeln des Völkerrechts jeden-falls nicht in gleicher Weise wie beim staatlichen Recht erzwungen werden kann. Legt man aber die Unterscheidung von staatlicher und gesellschaftlicher Rechtsordnung zugrunde, so ist sicher, daß es sich im Völkerrecht um nichts anderes als um eine gesellschaft-liche Rechtsordnung handelt, — wenn auch auf einer höheren Stufe und eben ohne das mit Zwangsgewalt ausgestattete Gegenstück einer staatlichen Rechtsordnung. Es paßt ganz in dieses Bild, wenn *Vierkandt* in seiner Gesellschaftslehre meint, daß die Nationen „unter sich eine Gesellschaft höherer Ordnung" bildeten[27].

VI. Die Frage nach Wesen und Funktion des Rechtssatzes hat uns im Gespräch mit Engisch und Larenz dahin geführt, eine ge-sellschaftliche und eine staatliche Rechtsordnung zu unterscheiden. Es ist noch darzutun, was wir mit dieser Unterscheidung voraus-setzen und was wir aus ihr zu folgern haben. Zunächst sei erörtert,

---

[27] Alfred *Vierkandt*, Gesellschaftslehre (2. Aufl., 1928), S. 476.

wie wir hierbei das Verhältnis zwischen Staat und Gesellschaft sehen müssen.

Mag uns die folgende Einsicht lieb sein oder nicht —: wenn wir unter „Rechtsordnung" immer sogleich die staatliche Rechtsordnung verstehen, dann zeigt sich darin, daß wir das Verhältnis von Staat und Gesellschaft zueinander — ungeachtet etwa des schönen Satzes, daß alle Staatsgewalt vom Volke ausgehe (Art. 20 Abs. 2 Grundgesetz) — in einer Überordnung des Staates über die Gesellschaft zu sehen gewohnt sind. Schon die traditionell genannten drei Elemente des Staatsbegriffs weisen dahin, daß die Staatsgewalt in einem bestimmten Staatsgebiet auf das Staatsvolk gewissermaßen als Objekt ihrer Funktion angewiesen ist; und sprechen wir vom Staat etwa als „Herrschaftsgefüge", so sehen wir auch schon die Herrschenden, die den Beherrschten übergeordnet sind. In dieser Auffassung, die der deutschen Tradition vielleicht mehr noch als etwa der englischen entspricht[28], daß nämlich der Staat über der Gesellschaft stehe, mag — abgesehen von den politisch-geschichtlichen Wurzeln — eine Rolle spielen, daß jeder Einzelne von Jugend auf den Staat am sichtbarsten im Befehl des Polizisten so entschieden übergeordnet erlebt, — ferner, daß das Gemeinwesen im Verhältnis zu anderen Völkern oder „Staaten" eben am augenfälligsten *politisch* handelnd auftritt und daß es hierbei durch die staatlichen Organe vertreten wird. Und auch das bekannte Wort aus dem Römerbrief (Kap. 13, V. 1): „Jedermann sei untertan der Obrigkeit, die Gewalt über ihn hat" mag seinen Teil zu dieser Auffassung beigetragen haben, vollends wenn wir — was sehr naheliegt — in dieser Weise nicht nur das Verhältnis des Einzelnen zum Staat begreifen, sondern auch das der Gesellschaft zum Staat, soweit wir eben diese Gesellschaft als bloße Summe der Einzelnen verstehen.

Aber was für den Einzelnen gelten mag, das gilt nicht notwendig auch für die Gesellschaft; und hier scheint mir der Punkt zu sein, an dem die Korrektur unserer Vorstellungen anzusetzen hat. Da

---

[28] Vgl. Gerhard *Leibholz*, Strukturprobleme der modernen Demokratie (1958), S. 206, 209 f.: Das angelsächsische und insbesondere das englische politische Denken unterscheide sich vom kontinentaleuropäischen entscheidend dadurch, daß es primär Gesellschaftsdenken und nicht Staatsdenken sei. „Der Staat erscheint hiernach nur als *eine* Funktion der Gesellschaft, die darüber hinaus noch eine Fülle anderer Funktionen zu erfüllen hat." (S. 209.) Der Staat lebe nach englischem Denken von der Gesellschaft her.

bei mag der Begriff der Gesellschaft noch so sehr schillern und in mannigfachen Zusammenhängen den unterschiedlichsten Inhalt haben; einen allgemeingültigen Begriff der Gesellschaft brauchen wir hier um so weniger zu suchen, als seine Fruchtbarkeit ohnehin sehr zu bezweifeln wäre. Wir können uns damit begnügen, in der Gesellschaft eben das Kollektivum im Unterschied zum Einzelnen zu sehen, soweit wir nur eines gelten lassen — und hier ist der Begriff des objektiven Geistes heranzuziehen —, daß solches Kollektivum der Ort ist, an dem der allgemeine, der objektive Geist sich findet[29], d. h. der Ort, an dem die Begriffe und Ideen lebendig sind, die der Einzelne als Glied dieses Kollektivums übernimmt und durch deren Übernahme er als „personaler" (auch „subjektiver") Geist erscheint. Der ganz isoliert gedachte, außerhalb jedes Kollektivums stehende Einzelne ist ohne Geist; erst aus dem Kollektiven, das wir hier Gesellschaft nennen, erwächst uns die Teilhabe an jenem Geistigen, durch die wir uns über das Tier erheben.

Wie beim Begriff der Gesellschaft, so können wir auch bei dem des Staates auf eine allseitig gesicherte Definition verzichten. Was gemeint ist, wenn im Zusammenhang dieser allgemein rechtstheoretischen Untersuchung von Staat und Gesellschaft als zu Unterscheidendem die Rede ist, verbirgt sich nicht. Der Staat — kein den Sinnen zugängliches Gebilde, sondern nur ein geistig zu erfassendes Phänomen — erscheint dabei als der Inbegriff desjenigen Handelns von Menschen innerhalb einer in einem bestimmten Gebiet befindlichen Gesellschaft, das wesentlich auf die Ordnung (oder gar auf die Förderung) des Zusammenlebens dieser Gesellschaft gerichtet ist und dem die Gesellschaft den abgewogenen Einsatz von Gewalt erlaubt. Das bedeutet, daß der Staat auf den in der Gesellschaft lebendigen Vorstellungen beruht, gewiß nicht in den mannigfachen Details, aber doch in seiner Existenz überhaupt und in seiner Grundstruktur. Sehen wir nun derart den Staat als von dem in der Gesellschaft lebendigen objektiven Geist geschaffen[30], andererseits den Staat als die Form, in der aus der Gesellschaft ein gegenüber dem Einzelnen nach innen, gegenüber den anderen

---

[29] Vgl. hierzu bes. Nic. *Hartmann*, Das Problem des geistigen Seins (2. Aufl. 1949), S. 206, 210.

[30] Wie entschieden offenbart sich dieser Zusammenhang bei den immer neu zum Scheitern bestimmten Versuchen der Gegenwart, den jungen afrikanischen Staaten die Segnungen der modernen Demokratie zugänglich zu machen!

„Staaten" nach außen aktionsfähiges Ganzes entsteht, so zeigt sich, daß Staat und Gesellschaft nicht in einem Verhältnis der Über- und Unterordnung, sondern in dem eines nebengeordneten Zusammengehörens stehen[31]; und es gilt nur, wenn wir sie dergestalt als Momente eines Ganzen sehen, dieses Ganze zu benennen. Ich möchte es hier als *„Gemeinwesen"* (ein Ausdruck, der bei *Jellinek*, auch bei Nicolai *Hartmann* vorkommt[32]) oder deutlicher als staatliches oder politisches Gemeinwesen bezeichnen[32a], — ohne daß der Frage des Namens hier besonderes Gewicht beizumessen wäre.

Überhaupt haftet gerade diesem Gedanken etwas durchaus Vorläufiges an; in welcher Weise hier die Betrachtung rein geistiger und die allgemein soziologischer Phänomene ineinandergehen, sei allenfalls versuchsweise angedeutet. Es geht ja letztlich darum, den Staat als ein geistiges Phänomen aus dem objektiven Geiste herzuleiten, der offenbar in einem notwendig soziologisch in den Blick kommenden Kollektivum lebendig ist. Dabei wird von der Frage der Soziologie her der Staat als reine Funktion der Gesellschaft erscheinen, soweit er hier als Staat überhaupt in den Blick kommt. Fragt man dagegen nach den geistigen Phänomenen, dann wird das Recht in den Blick kommen, d. h. die Ideen einer Grund-

---

[31] Vgl. hierzu z. B. *Eschenburg,* Staat und Gesellschaft in Deutschland (1956), S. 20 f.: „Die gesellschaftliche Wandlung wirkt auf die staatliche Ordnung ein, wie umgekehrt diese auf die gesellschaftliche Ordnung. Die Gesellschaft kann insofern als Gegenbegriff zum Staat verstanden werden". „Staat und Gesellschaft stehen also nicht isoliert nebeneinander, sondern bilden ein Ganzes." „So ist der Staat die Herrschaftsorganisation der Gesellschaft innerhalb seines Gebiets, während die ideelle Funktion des Staates darin besteht, das Zusammenleben und Zusammenwirken der Menschen zu sichern, also der Gesellschaft zu dienen."

[32] Georg *Jellinek,* Allgemeine Staatslehre (3. Aufl., Neudruck 1959), 158 ff., 376. — Nic. *Hartmann,* a. a. O., S. 210.

[32a] Erst nach Fertigstellung des Manuskripts für den Druck wurde ich auf Horst *Ehmkes* Beitrag zur Festgabe für Rudolf Smend (Staatsverfassung und Kirchenordnung, 1962, S. 23 ff.) „ ‚Staat' und ‚Gesellschaft' als verfassungstheoretisches Problem" aufmerksam gemacht. Im Hinblick auf manche terminologische Parallelität sei nur kurz gesagt, daß Ehmke (S. 24/25) unter beiden Begriffen menschliche Verbände versteht, was dann bedeutet: „daß es sich in der Gegenüberstellung von ‚Staat' und ‚Gesellschaft' praktisch gesehen um denselben Verband handelt." So wendet sich Ehmke gegen die Unterscheidung von Staat und Gesellschaft (S. 44): „Läßt man dagegen den Gegensatz von ‚Staat' und ‚Gesellschaft' ... fallen, so wird man die Eigenart der menschlichen Verbände, die wir in einem weiteren Sinne ‚Staat' nennen, wieder daran sehen, daß sie *politische* Gemeinwesen sind." „Es handelt sich um *einen* menschlichen Verband, zu seiner Verdoppelung oder Teilung in ‚Staat' und ‚Gesellschaft' besteht keinerlei Anlaß."

ordnung des gesellschaftlichen Zusammenlebens; sie finden sich
zunächst in der staatlichen Organisation: in den ausdrücklich ge-
setzten Regeln oder den mit dem Bewußtsein der Bindung geübten
Bräuchen als etwas sozusagen Feststehendes (also mit dem Charakter des Objektivierten); sie sind aber eben auch in der Gesellschaft selbst als objektiver Geist lebendig, — woraus sich das
Nebeneinander von gesellschaftlicher und staatlicher Rechtsordnung ergibt.

Sehen wir die Dinge in dieser Weise, dann ist die Gesellschaft
nicht nur das „menschliche Substrat des Staates in seinem außer-
staatlichen sozialen Sein und Leben" (— wie es *Vierkandt* in seiner
Gesellschaftslehre formuliert hat[33] —), sondern zugleich der Ort
des sich ständig erneuernden geistigen Grundes des Staates, so
nämlich, daß der in der Gesellschaft lebendige objektive Geist
nicht nur das rechte Verhalten der Glieder der Gesellschaft unter-
einander in lebendigen Idealen vorzeichnet, sondern auch den
Machtapparat entwirft, der dem Ganzen des Gemeinwesens die
Funktionsfähigkeit im Innern und nach außen verleiht. Der Staat
wiederum, als Objektivation des Geistes — im Handeln der als
Staatsorgane tätigen Repräsentanten gegenüber dem Gros der Gesellschaft einigermaßen verselbständigt schon durch diese einge-
räumte Befugnis zur Anwendung von Gewalt — erlangt nun seinen
eigenen Bewegungsspielraum und wirkt wieder auf die Gesellschaft zurück, deren geistiges Geschöpf er ist.

Gesellschaft und Staat, Staat und Gesellschaft erscheinen so in
einer lebendigen Wechselbeziehung[34], soweit es um die im Gemeinwesen wirksamen Vorstellungen von rechtlicher Ordnung geht.
Hierbei wird in der Gesellschaft immer ein gewisser Bestand von staatlicher Rechtsordnung anerkannt sein müssen,
wenn wir überhaupt von Staat wollen reden können, d. h. also,
solange wir nicht bei den Extremen eigentlicher innerer Staats-
losigkeit angelangt sind, nämlich bei der Anarchie oder beim
Despotismus. In diesen beiden Fällen fehlt es an staatlicher Rechtsordnung: entweder ist — so in der Anarchie — keine Gewalt mehr
lebendig, die eine staatliche Ordnung durchsetzen könnte, oder
es fehlt — so im Falle des Despotismus — zwar nicht an der Gewalt, aber an einer Ordnung, die den Namen einer „Rechts"-

---

[33] a. a. O., S. 469.
[34] Siehe schon Anm. 31.

Ordnung verdient, d. h. es triumphiert in diesem Falle die vorhandene Gewalt über die Gesellschaft, ohne sich in den Dienst einer wenigstens dem Ansatze nach von dieser Gesellschaft anzuerkennenden Ordnung des Gemeinwesens zu stellen.

Begnügen wir uns mit diesen Andeutungen. Auf alle Schattierungen und Details ist hier zu verzichten. Mit dem Gesagten haben wir den Grund gelegt für die Vorstellung von den beiden Rechtsordnungen im Gemeinwesen, der gesellschaftlichen und der staatlichen Rechtsordnung, und es geht nun darum, das Verhältnis dieser beiden Ordnungen zueinander noch etwas näher darzutun.

VII. Sieht man — wie es üblicherweise geschieht — in den oben angeführten Generalklauseln („gute Sitten", „verwerflich", „Treu und Glauben" u. a. m.) eine Verweisung auf die sozialethischen Grundlagen des gesellschaftlichen Zusammenlebens, so stellt man sich dabei im allgemeinen vor, daß „die" Rechtsordnung hierauf als auf eine Aushilfe verweise. „Die" Rechtsordnung erscheint als übergeordnet und sozusagen selbstherrlich darin, ob und wann sie sich auf diese „andere" Wertordnung beziehen will. Nach allem zuvor Gesagten dagegen ergänzen sich die beiden Ordnungen nicht etwa nur im besonderen Falle, sondern sie gehören als zwei Seiten der rechtlichen Grundordnung des Gemeinwesens zusammen. Wenn zur gesellschaftlichen Rechtsordnung die Norm gehört, daß anständige Verträge zu halten und richtig zu erfüllen sind, dann gehört es zur staatlichen Rechtsordnung, daß die Staatsorgane angewiesen werden, unter bestimmten Voraussetzungen (Klage des Betroffenen, Überzeugung des Richters von den entscheidenden Tatsachen usw.) die Erfüllung des Vertrages oder doch die Ersetzung schuldhaft zugefügten Schadens nach Möglichkeit zu erzwingen. Da sich derart also der staatliche Imperativ auf die der gesellschaftlichen Rechtsordnung angehörende Norm bezieht, verwundert es nicht, wenn die als Staatsorgane handelnden Menschen — die ja selbst Glieder der Gesellschaft sind — die staatlichen Imperative von vornherein von der gesellschaftlichen Rechtsordnung her verstehen. So besteht eine unmittelbare und notwendige Wechselbeziehung zwischen den beiden Rechtsordnungen, und zwar im ganzen. Die unbestimmten Rechtsbegriffe und die sog. Generalklauseln in den staatlichen Imperativen sind nur die Punkte, an denen die Bezogenheit der staatlichen auf die gesellschaftliche Rechtsordnung besonders bewußt gemacht wird. Deutlich wird uns dieser Zusammenhang auch in dem als Auslegungsproblem gesehenen Vorgang des Wandels im Verständnis von gesetzlichen Bestimmungen, ferner dort, wo sich die gesellschaftlichen Rechtsvorstellungen gegen die formal fortbestehenden Imperative der staatlichen Ordnung durchsetzen — was dann als Rechtsfortbildung oder ähnlich bezeichnet oder — wie schon gesagt — als Richterrecht, Verwaltungsübung u. dgl. gesehen wird.

Eines der markantesten Beispiele hierfür ist im Bereiche unserer Rechtsordnung das Sicherungseigentum, das — wie *Boehmer* es formuliert hat[35] — zwischen das Volleigentum und das gesetzestreue Faustpfandrecht getreten ist und als ein neuer selbständiger Rechtstyp „den geheiligten numerus clausus der dinglichen Rechtsfiguren" durchbrochen hat. Ein — wie man heute sagt: — „unabweisbares Bedürfnis des Rechtsverkehrs"[36] ließ im Bereiche der gesellschaftlichen Rechtsordnung dieses begrenzte Eigentum entstehen, ungeachtet aller Schwierigkeiten, die sich hieraus ergaben. Es stand die Haltung der Vertragspartner hinter ihrer Vereinbarung, daß diese Abmachung doch vernünftigerweise Bestand haben müsse in der Gesellschaft. So ertrotzte sich derartige Abrede schließlich auch die Anerkennung durch die Gerichte, so daß das Sicherungseigentum heute als „unstreitiges Gewohnheitsrecht"[37] bezeichnet wird. Das bedeutet nichts anderes als, daß diese Rechtsfigur nun als tatbestandliche Voraussetzung unter die Imperative der staatlichen Rechtsordnung — und zwar als ungeschriebener Rechtssatz — aufgenommen worden ist.

Die gesellschaftliche Rechtsordnung drängt den formal fortbestehenden staatlichen Imperativ z. B. auch im Bereiche der Ehescheidung zurück, wo die einverständliche Scheidung von den deutschen Gerichten heute in aller Regel und z. T. sehr großzügig zugelassen wird[38]. War zu Zeiten oder ist in einem Gemeinwesen mit einer fest begründeten christlichen Gesellschaftsordnung die Ehe als ein auch der gemeinsamen Disposition der Ehegatten entzogenes Institut staatlich anerkannt, so drückt sich in der Konventionalscheidung die in der Gesellschaft lebendige säkularisierte

---

[35] *Boehmer*, Grundlagen der Bürgerlichen Rechtsordnung, Bd. II, 2 (1952), S. 148.
[36] *Larenz*, Methodenlehre (1960), S. 305 f.
[37] *Larenz*, a. a. O., S. 306, mit weiteren Nachweisen.
[38] Vgl. *Müller-Freienfels*, Ehe und Recht (1962), S. 244 f.

Betrachtung der Ehe aus, die nur noch der einseitigen Disposition eines Ehegatten entzogen bleibt.

Es gibt natürlich noch eine ganze Reihe von Beispielen für das hier erörterte, geläufige Phänomen. So ist die neuerliche Übung — wenn ich recht sehe, haben wir sie von den US-Amerikanern nach dem Kriege übernommen —, zu Weihnachten den Verkehrspolizisten an den Brennpunkten des städtischen Straßenverkehrs Geschenke zu überreichen, von der gesellschaftlichen Rechtsordnung her erlaubt worden, so daß die Strafbarkeit solcher Geschenkannahmen als passive Bestechung nicht geprüft wird. Das allgemeine Rechtserlebnis: „Das muß man doch tun dürfen" erzwang gewissermaßen die Straflosigkeit solchen Verhaltens der Polizisten, das zuvor als Bestechung bestraft worden wäre.

Vielfach bahnt sich ein Wandel an, so bei der Strafbarkeit der Kuppelei gegenüber Verlobten. Hört man die Berichte darüber, wie noch vor 50 Jahren kein verlobtes Pärchen allein, d. h. ohne eine aus der Familie der Braut ausgewählte Anstandsbegleitung, einen Spaziergang machen oder auch nur das Theater besuchen durfte, und sieht man, wie sich hier das allgemeine gesellschaftliche Anstandsgefühl geändert hat, so erscheint es von der gesellschaftlichen Rechtsordnung her nicht mehr als sinnvoll, im Falle der Kuppelei gegenüber Verlobten unter schwersten Strafdrohungen den Anschein des Fortbestehens früherer Schranken aufrechtzuerhalten. Schon die Art, in der sich heute die Gerichte mit dieser Frage befassen, läßt das Verhalten der Staatsorgane als Rückzugsgefecht der staatlichen Rechtsordnung erkennen[39].

Obwohl es nach der Straßenverkehrsordnung (§ 16 Abs. 2) im allgemeinen nicht erlaubt ist, einen Kraftwagen ganz oder teilweise auf öffentlichen Gehwegen zu parken, lassen die Behörden ein derartiges Parken seit einiger Zeit weitgehend auch dort geschehen, wo keine Notwendigkeit hierfür zu erkennen ist. Ob es bei dieser Großzügigkeit bleiben kann, ist freilich sehr die Frage; — jedenfalls drückt sich in dem derzeitigen Verhalten die gesellschaftliche Hochschätzung des motorisierten Straßenverkehrs zum Nachteile

---

[39] Vgl. zuletzt BGHSt. 17, 230 ff. Kritisch zu dieser Entscheidung Arthur *Kaufmann*, JZ 1963, S. 143; *Schönke/Schröder*, StGB (11. Aufl., 1963), § 180 Rdn. 5. — Der amtl. Entwurf eines StGB E 1962 sieht in § 227 Strafbarkeit der durch Eltern begangenen Kuppelei nur noch für den Fall vor, daß das „verkuppelte" Kind noch nicht achtzehn Jahre alt ist.

des Fußgängers deutlich genug aus, und das rechte Maß für die
entgegengesetzten Interessen wird sowohl in der gesellschaftlichen als auch in der staatlichen Rechtsordnung erst noch ge-
funden werden müssen. — Ein weiteres Beispiel läßt sich aus einer
Stadt anführen, die von den Hauseigentümern die Kennzeich-
nung des Hauses mit dem traditionellen Emailleschild, den schwar-
zen Ziffern auf weißem Grund, verlangt; während die Stadtver-
waltung bei allen sonstigen Bauauflagen im Falle der Nichtbefol-
gung grobes Geschütz auffährt, geschieht nichts derglei-
chen, wenn sich der Grundstückseigentümer trotz der ausdrücklichen Auflage mit einer schmiedeeisernen, am Gartentor oder
sonst angebrachten Hausnummer begnügt. —

Die Beispiele sollten nur veranschaulichen, wie sich die gesellschaftliche Rechtsordnung im Richterrecht und in der Verwaltungspraxis durchsetzt. Der Inhalt, den die staatlichen Imperative
im einzelnen durch die Organe der vollziehenden Gewalt und
der Rechtsprechung erhalten, ist vom gesellschaftlichen Rechtsbewußtsein geprägt. Zur Wechselbeziehung der beiden Rechtsordnungen im Gemeinwesen gehört jedoch nicht nur, daß die staatliche Rechtsordnung an die gesellschaftliche gebunden ist, sondern
auch, daß sie auf die gesellschaftliche zurückwirkt. Es wäre wohl
reizvoll, einmal allgemein geistesgeschichtlich zu untersuchen, inwieweit die entscheidenden Impulse zum Wandel der Rechtsordnungen im Gemeinwesen von einer allgemeineren Änderung des
gesellschaftlichen Rechtsbewußtseins und inwieweit sie — bei allem
Verhaftetsein mit den objektiv-allgemeinen geistigen Grundlagen — von einzelnen Initiatoren über die staatliche Gesetzgebung ausgingen[40]. Dieser letztere Weg wird in der Regel mehr
das Detail betreffen. Aber das Detail kann schließlich das Bild des
Ganzen wesentlich bestimmen. So sind etwa — wie ich glaube —
in der Frage der Gleichberechtigung von Mann und Frau die staatlichen Organe in der Bundesrepublik dem allgemeinen Rechtsbewußtsein jedenfalls in der fortschrittlichen Präzisierung im jeweils Besonderen mehrfach vorausgeeilt; viele deutsche Frauen
würden gewiß keinen Anstoß nehmen, unter den weithin so anders-

---

[40] Die Gesetzgebung der U.S.A. zur Gleichberechtigung der Neger ist wohl
ein Beispiel dafür, daß die Gesetzgebung in der Ausführung einer im Rechtsbewußtsein der Gesellschaft lebendigen, allerdings ihrer eigenen Trägheit entschieden zuwiderlaufenden Idee vorangeht.

artigen schweizerischen Verhältnissen zu leben. Immerhin aber dürfte die staatliche Regelung, da sie auf einem anerkannten Grundgedanken beruht, sich auch im Detail mehr und mehr dem gesellschaftlichen Rechtsbewußtsein mitteilen. —

Die beiden Rechtsordnungen sind nichts anderes als die zwei Seiten der rechtlichen Grundordnung des Gemeinwesens. Sie entsprechen sich daher im Inhalt. Aber so sehr sie sich bei gleicher Substanz nur durch die unterschiedliche Ausformung unterscheiden mögen, so ist doch in ihrer Unterscheidbarkeit eben auch die Möglichkeit der inhaltlichen Divergenz begründet, — nicht nur so, daß die staatlichen Imperative bei formalem Weiterbestehen von den Staatsorganen nicht oder nicht mehr in der üblichen Weise befolgt werden, sondern so, daß die Staatsorgane andere Imperative befolgen, als sie der gesellschaftlichen Rechtsordnung entsprechen. So läßt sich denken, daß man auf die Frage, was in einem Gemeinwesen in einem konkreten Falle rechtens sei, nicht nur auf die staatliche Rechtsordnung wird weisen können. Zwar wird die staatliche Rechtsordnung schon infolge der größeren Präzision ihrer Rechtssätze weitgehend den Vorrang haben; aber es liegt doch auch einmal die Antwort nahe — etwa im Bereich des bürgerlichen Rechts —, man halte eine so und so zu treffende Vereinbarung für gültig, aber die Gerichte versagten ihr jetzt noch die Anerkennung.

VIII. Damit kommen wir zum Abschluß unserer Überlegungen. Von der Frage der allgemeinen Rechtstheorie nach Wesen und Funktion des Rechtssatzes ausgehend, sind wir auf die beiden Rechtsordnungen im staatlichen Gemeinwesen gestoßen und haben sie in ihrer wechselseitigen Beziehung nun näher betrachtet. In den Ergebnissen unseres Überlegens steckt gewiß noch viel Fragenswürdiges, so besonders, inwieweit bei unserer heutigen „pluralistischen" Gesellschaft überhaupt noch von *der* gesellschaftlichen Rechtsordnung gesprochen werden kann, wie weit also ihr einheitlicher Kern reicht, — ferner, wie es bei den Diktaturen der Gegenwart bestellt sei, wie lange man noch von Rechtsordnung sprechen könne bei Divergenz der beiden Ordnungen, wo die Unrechtsordnung beginne, und dgl. mehr. Diese Fragen sind nicht neu und werden nicht erst durch den vorhergehenden Versuch aufgeworfen; auf sie einzugehen, ist in diesem Vortrag freilich kein Platz.

Eines scheint mir aber noch wichtig: man darf das Ergebnis unserer Überlegungen in zwei Richtungen nicht mißverstehen. Zum einen: wir distanzieren uns mit der hier vorgeführten Sicht der Phänomene des Rechtslebens noch nicht notwendig von einer positivistischen Betrachtung der Rechtssätze; es ist insofern nicht mehr gewonnen, als daß — kurz gesagt — neben den Rechtssatz, der im Gesetzbuch steht, noch jener andere tritt, der einem allgemeineren gesellschaftlichen Rechtsbewußtsein zu entnehmen ist. — Zum anderen werden wir aber auch nicht etwa im Sinne einer positivistischen Rechtsbetrachtung gebunden. Es soll mit dem Hinweis auf die gesellschaftliche Rechtsordnung ja nicht etwa gesagt werden, wie sich die Leute im allgemeinen in den Grundfragen des Gemeinschaftslebens entschieden, das sei Recht. Es kommt vielmehr immer auf die in der Gesellschaft lebendigen Ideen vom rechtmäßigen Verhalten an: nicht was die Leute tun, sondern was sie glauben, eigentlich tun zu sollen, ist insoweit also maßgebend.

Aber auch diese Auffassung könnte noch bemängelt werden als ein gewichtiger Vorstoß gegen alle ethische und also auch rechtsphilosophische Einsicht: daß man nämlich das Sollen nicht dem Sein entnehmen könne (— was hier dann das Sein einer in der Gesellschaft lebendigen Idee wäre —). Und doch läßt sich's hier, so glaube ich, einigermaßen verteidigen. Wenn wir uns der Geschichtlichkeit alles Geistigen und damit auch der Geschichtlichkeit der sittlichen Erkenntnis bewußt sind, dann werden wir wohl auch bereit sein, einmal einer neuen, der eigenen Ansicht entgegenstehenden Auffassung vom rechten Handeln sittliches Gewicht beizumessen. Sehen wir es am Beispiel des urteilenden Richters, der eine Entscheidung aus den „guten Sitten"[41] zu begründen hat. Sicher ist, daß der Richter hier nicht einfach das eigene Urteil durch ein fremdes ersetzen darf, derart, daß ihm die „guten Sitten" als eine feste Größe sozusagen vorgeschrieben wären. Und die herkömmliche Formel, nach der hier „das Anstandsgefühl aller billig und gerecht Denkenden"[42] maßgeblich ist, kann daran nur scheinbar etwas ändern; denn wer „die billig und gerecht Denkenden" jeweils sind, das hat der Richter dann immer noch selbst zu entscheiden. Aber er könnte doch auch einmal im Einzelfall auf dem Wege über diese Formel anerkennen, daß man in einer Frage von sittlicher Relevanz auch im Bereiche der bloßen Sozialethik

---

[41] Vgl. § 226 a StGB (Körperverletzung mit Einwilligung des Verletzten) und §§ 138, 826 BGB.
[42] Vgl. dazu z. B. BGHSt. 4, 32; 4, 91.

sich unterschiedlich müsse verhalten dürfen. Denken wir z. B. an die z. Z. so lebhafte Auseinandersetzung zwischen Ärzten und Juristen über die ärztliche Aufklärungspflicht gegenüber dem Patienten[43]. Könnte es nicht sein, daß hier der Strafrichter einen Bereich außerhalb der Justitiabilität anerkennen müßte, weil er das sittliche Gewicht auch der Gegenposition empfindet, und d. h., weil es für eine einseitig stellungnehmende Entscheidung an der hinreichend einheitlichen, objektiv-geistigen Grundlage in der gesellschaftlichen Rechtsordnung fehlt? Das bedeutete letztlich nichts anderes als, daß wir noch kein sicheres Gefühl dafür haben, wie wir mit dem Konflikt mehrerer Wertaspekte in einer neuartigen oder doch als neuartig erlebten Konfliktslage am besten fertigwerden, und daß also der in die fragliche Situation Gestellte das eine oder das andere der von diesem Konflikt betroffenen Güter vorziehen darf.

Es soll genügen, daß diese Fragen nur noch kurz angeführt worden sind. Wenn wir die uns Juristen in erster Linie als Aufgabe gestellte staatliche Rechtsordnung als Gegenstück zur gesellschaftlichen Rechtsordnung, und d. h. in ihrem notwendigen geistigen Gebundensein, begreifen, dann werden wir leichter tun, hier unsere etwaigen Sondermeinungen zu den Rechtsfragen der Gegenwart auch einmal ein wenig zurückzustellen[44]. Und wenn wir Staat und Gesellschaft als dialektische Momente im Gemeinwesen begreifen, werden wir Juristen unser Bemühen im Dienste der staatlichen Rechtsordnung immer verstehen als den Versuch, dem Gemeinwesen die in ihm geistig angelegte, ihm hier und jetzt zukommende Form seiner Existenz zu geben.

---

[43] Vgl. dazu aus jüngerer Zeit an juristischen Beiträgen: *Bockelmann*, Rechtliche Grundlagen und rechtliche Grenzen der ärztlichen Aufklärungspflicht, NJW 1961, 945 ff.; *Grünwald*, Die Aufklärungspflicht des Arztes, ZStW 73 (1961), 5 ff.; Arthur *Kaufmann*, Die eigenmächtige Heilbehandlung, ZStW 73 (1961), 341 ff.; Eb. *Schmidt*, Empfiehlt es sich, daß der Gesetzgeber die Fragen der ärztlichen Aufklärungspflicht regelt? Gutachten für den 44. Deutschen Juristentag (1962), Bd. I, 4. Teil; *Schwalm*, Grenzen der ärztlichen Aufklärungspflicht aus der Sicht des Juristen, Schriftenreihe der Juristischen Studiengesellschaft Karlsruhe, Heft 50/51 (1961), S. 21 ff. — Vgl. auch Arthur *Kaufmann*, JZ 1963, S. 143 ff.

[44] Es sei hier daran erinnert, wie eindrucksvoll *Werner* auf dem 44. Deutschen Juristentag die Forderung nach Toleranz im Recht erhoben hat (Verhandlungen des 44. Deutschen Juristentags, Band II/B 1 ff.: „Recht und Toleranz").

VERÖFFENTLICHUNGEN DER
VEREINIGUNG DER DEUTSCHEN STAATSRECHTSLEHRER

WALTER DE GRUYTER & CO · BERLIN 30

www.ingramcontent.com/pod-product-compliance
Lightning Source LLC
Chambersburg PA
CBHW050652190326
41458CB00008B/2535